Nodi

I edizione: settembre 2021

Castelvecchi è un marchio di Lit Edizioni s.a.s.
Via Isonzo 34, 00198 Roma
Tel. 06.8412007
info@castelvecchieditore.com
www.castelvecchieditore.com

ristampa	anno
8 7 6 5 4 3 2 1	2021 2022 2023

Filippo La Porta
Luca Cirese

NON POSSIAMO NON DIRCI NONVIOLENTI

Dialoghetto intergenerazionale
su un tema cruciale
del nostro agire pubblico

CASTELVECCHI

Ad Anna Bravo (1938-2019),
storica della nonviolenza

FILIPPO. Caro Luca, con l'età mi sento politicamente molto vicino alle posizioni non-violente (d'ora in poi scriverò l'espressione senza trattino -- nonviolento, nonviolenza, come faceva l'apostolo della nonviolenza Aldo Capitini – perché non si tratta solo di negare qualcosa ma di affermare un valore positivo), pur non riuscendo ad abbracciarle in toto, come tenterò di spiegare. Hai presente Croce, «non possiamo non dirci cristiani»? Ecco, credo che oggi, specie in Europa, dove ne abbiamo fatte e viste di tutti i colori, non possiamo non dirci nonviolenti, e dunque togliere alla parola "guerra" qualsiasi connotato di nobiltà. Eppure si tratta di un tema scivoloso. Prendi la pace. Tutti in Occidente siamo per la pace, ma per la ragione che non ci costa nulla. Tutti vogliamo solo consumare in pace. Inoltre mi interrogo spesso sulla possibilità di eliminare *tout court* la violenza dalla vita biologica, che invece sempre la presuppone, come dirò tra un po'.

Oggi mi ci sento più vicino, alla nonviolenza, non perché sia divenuto più "moderato". Anzi ritengo che la scelta della violenza manchi di vera radicalità ed esprima una acquiescenza a luoghi comuni accettati acriticamente. "Senza violenza non si ottiene nulla", recita un vecchio, e ingannevole, adagio. E come tutti i vecchi adagi dice una verità, ma una verità parziale e fuorviante. Sì, la violenza nell'immediato può ottenere moltissimo; ma nel medio e lungo periodo genera conseguenze sempre distruttive. La mia generazione scese in piazza per un Vietnam "libero" (liberato cioè dal governo-fantoccio autoritario sostenuto dagli americani) – e personalmente lo rifarei! –, ma quando l'esercito nord-vietnamita nel 1975 arrivò a Saigon, con gli americani in fuga, e diede vita al nuovo Stato, ci furono un milione di deportati nei campi di rieducazione e un altro milione di profughi che scapparono con imbarcazioni di fortuna (i *boat people*). Non sono sufficientemente informato sulla Repubblica socialista del Vietnam odierno però mi chiedo: una lotta pur vincente che fa migliaia di vittime, e crea milioni di disperati ed esodi di massa, che razza di società potrà costruire?

Forse l'analisi più lucida resta quella di Simone Weil, la guerra distrugge ogni umanità in chi la combatte (ci permette di uccidere qualcuno senza rimprovero! quasi il sogno inconfessato di tutti i maschietti...), la spada trasforma per sempre chi la impugna e chi la subisce, e ogni guerra – come la Guerra di Troia – smarrisce i suoi obiettivi originari e serve solo all'affermazione del proprio prestigio. Eppure sento di essere un nonviolento pieno di dubbi e di contraddizioni.

LUCA. Caro Filippo, tra poco ti racconterò il mio "romanzo di formazione", molto diverso dal tuo, ma lasciati fare subito una domanda: se oggi hai questo tipo di consapevolezza, se hai capito che la violenza non è mai "radicale", che può forse aggiustare temporaneamente un problema ma non lo risolve, come mai continui ad avere tutti questi dubbi sulla nonviolenza?

FILIPPO. Per risponderti sono costretto a tornare sulla mia biografia. Se in un western, genere che prediligo, mi dicessero che alla fine tra lo sceriffo e il pistolero non ci sarà duello ma una finale riconciliazione, magari in nome del Vangelo, resterei deluso (i personaggi di John Wayne e Henry Fonda portavano con sé l'Antico Testamento, non il Nuovo!). E così se epurassero l'*Orlando furioso* delle scene cruente. E aggiungo: ho praticato molti anni judo ma avrei voluto frequentare una palestra di pugilato, diventare un buon pugile... Spesso – ti confesso – fantastico vendette plateali, punizioni esemplari di prepotenti e bulli, ecc. (magari mangiando come Braccio di Ferro una scatola magica di spinaci!). Credo però che l'umanità sia oggi a una svolta, pazienza se il mio immaginario resta, e resterà almeno in parte, immerso nel passato! Dopo un secolo, il Novecento, che ha visto due guerre mondiali, massacri, genocidi, l'uso di armi di potenza incalcolabile, Auschwitz e Hiroshima, Dresda e le fosse di Katyn, potremmo tutti fermarci un momento e decidere di operare una cesura con il passato.

Certo, l'abitudine alla nonviolenza è lungi dall'essersi affermata. Vorrei citare le limpide parole della storica Anna Bravo (scomparsa nel 2019), a cui abbiamo dedicato il nostro dialoghetto, perché è la persona che ha più riflettuto, e con più acume e passione, su questi temi:

> Dopo gli esiti dello strumento guerra e il crollo incruento dei regimi all'Est, ci si poteva aspettare uno spostamento delle opinioni pubbliche verso la nonviolenza, e in parte

è avvenuto. Ma interesse non sempre equivale a informazione. La nonviolenza rischia il destino di quei classici che tutti dicono di conoscere senza averli letti; chi di nonviolenza scrive e parla ha spesso l'impressione di dover ogni volta ricominciare da zero. La si scambia con una rinuncia ai conflitti, quando è una politica per gestirli in modo evoluto.
(*Storie da scoprire, storie da ripensare*, sulla rivista «Parolechiave», 2009, ora disponibile in rete)

Ossia trasformare i conflitti in occasioni di apprendimento e creazione di nuovi terreni comuni (come ci ripete un'altra donna, Marianella Sclavi, nei suoi preziosi interventi sul tema ospitati dalla rivista «una città»). La tradizione giellista, liberalsocialista (da Salvemini e Rosselli a Calogero e Bobbio) contrappone sempre un conflittualismo regolato all'idea di democrazia consociativa più congeniale ai comunisti.

Certo, è anche vero che oggi per la prima volta la guerra è normalmente esclusa dall'orizzonte delle persone, e delle classi dirigenti. Nel 2012 le guerre hanno fatto 120.000 vittime, mentre 800.000 persone si sono suicidate! Chissà che non possa diventare un tabù per l'umanità, proprio come l'incesto. Questo almeno è stato l'auspicio di Moravia.

LUCA. Curioso: questa cosa l'ha detta un romanziere, non un leader politico o una guida spirituale…

FILIPPO. Già, proprio in Italia, dove abbiamo una tradizione letteraria aulica e cortigiana, piena di retorica, spesso gli scrittori sono più avanti dei politici; ricordo le posizioni espresse negli anni Settanta da Elsa Morante e Anna Maria

Ortese in merito non solo alla società dei consumi ma alle radici stesse della nostra civiltà, segretamente necrofila e fondata sulla sofferenza degli animali: una radicalità che fa impallidire intere annate dei «Quaderni rossi», rivista di ispirazione marxista su cui la mia generazione pure si formò! Ma voglio citare anche le battaglie pacifiste di un intellettuale isolato, "modesto" (come si autodefinì), Carlo Cassola, che auspicava un movimento di popolo che imponesse agli Stati, nell'era atomica, un disarmo generalizzato. Inoltre Cassola, che si dichiarava "eversore di sinistra", ricorda l'articolo 52 della Costituzione – l'Italia come Stato sovrano "armato" –, votato da tutti con l'eccezione di Emilio Lussu (curioso: Lussu nella Grande Guerra fu interventista democratico, contro gli Imperi centrali, anche se poi ne scrisse in termini violentemente critici nel grande romanzo *Un anno sull'Altipiano*). Ma torniamo al nostro presente: per una porzione sempre più ampia di gente la guerra tende a diventare un evento inconcepibile: come sottolinea lo storico israeliano Harari, quando il governo brasiliano si riunisce per discutere il budget dell'anno seguente è inimmaginabile che il ministro della Difesa dica: "Fermi tutti, che cosa ne pensate di invadere l'Uruguay?".

LUCA. Ma tu hai mai odiato qualcuno, intendo per ragioni ideologiche? Te lo chiedo perché, a pensarci, credo che a me non sia mai capitato.

FILIPPO. A proposito di incoerenze: ti confesso, per onestà, che io con i fascisti, e anzi con i neofascisti che imperversavano a Roma e ovunque negli anni Settanta, ho come un conto personale eternamente in sospeso: «Io li odio i nazisti dell'Illinois» (John Belushi). E infatti, ahimè, me li sogno spesso e periodicamente! Nella nostra guerra civile lungo gli anni Settanta, un po' reale e un po' recitata, ci furono vari morti, da entrambe le parti. La rivolta del Sessantotto degenerò nella violenza, e in minima parte per colpe proprie. Non mi sognerei mai di equipararli. I fascisti misero per primi le bombe nel nostro Paese rompendo un patto tacito. In che senso? Il Sessantotto, come ha sottolineato uno dei suoi leader migliori, Guido Viale, non ha inventato né scoperto la violenza, bensì l'ha ricevuta; certo, come osserva sempre Anna Bravo, ciò significa che quel movimento conteneva «le genealogie della violenza»: la sindrome dell'impazienza, negli Stati Uniti lo spirito da pistola più veloce del West, da noi il richiamo alla Resistenza, la quale ci offriva l'immagine di una violenza giusta e legittima, anche se poi la nostra Resistenza è fatta in gran parte di disobbedienza civile – resistenza passiva, scioperi e sabotaggi, ecc. –, tutte cose pochissimo studiate e documentate. Poi la stessa storica Anna Bravo rievoca tutte quelle «pratiche antinaziste inermi» in Polonia, Belgio e Norvegia – non cooperazione, scioperi, ecc. – ma è un'altra storia. Tuttavia nel 1968 e nel 1969, fino alle bombe in piazza dell'Agricoltura, non ci fu nessun morto politico, a parte un carabiniere, per un incidente: la inviolabilità della vita umana era una regola tacitamente accettata da tutte le parti. Bisogna pur dire che i neofascisti in ogni occasione difesero con la violenza la parte più odiosa e becera della società, così come gli squadristi nel 1922 difendevano gli interessi più retrivi.

LUCA. Possibile che con i fascisti tu abbia ancora un "conto aperto"?

FILIPPO. Come ti ho detto, c'eravamo molto odiati... Oggi naturalmente è diverso. Siamo nel 2021, dentro un'epoca postideologica, in cui molte cose si sono rimescolate, e in cui l'"eterno fascismo" degli italiani, ahinoi, attraversa tutte le formazioni politiche, è qualcosa di incistato dentro la nostra stessa antropologia. Magari riguardasse solo Casa Pound! Se poi mi capita di incontrare un giovane militante di Casa Pound sono anzitutto incuriosito dal suo percorso, tanto da avere la tentazione non solo di dialogarci ma di "convertirlo". Ora, voglio dirti una cosa che non so se ti scandalizzerà: credo che nessun repubblichino di Salò, magari in nome del sangue dei vinti, meriti il nome di una strada o un monumento. Va bene, molti furono in buona fede, ma di fatto "tradirono" la patria (qui sto più con Creonte che con Antigone!). Senza dimenticare che preponderante era la zona grigia delle persone incerte, legittimamente smarrite (lo nota, pure, con molta onestà, Rosario Bentivegna, uno degli artefici dell'attentato di via Rasella). Aggiungo solo che il 25 aprile è per me un giorno triste perché penso al sentimento di ostilità o indifferenza della maggioranza degli italiani verso la Resistenza. O al fatto che l'attentato di via Rasella sia l'unico episodio della Resistenza in cui la versione dell'estrema destra è diventata senso comune: il falso che gli attentatori avrebbero potuto consegnarsi (ricordo altresì che si trattò di un atto di guerra contro una unità combattente delle SS armata fino ai denti e che fece esclamare al comandante delle forze alleate Alexander: «Da oggi ammiro gli italiani»).

Insomma: se nella Storia non si può che «far torto o patirlo», e dunque in essa il Bene non si manifesta, ciò non significa mettere tutti sullo stesso piano – almeno in Italia –, chi allora si schierò con uno dei regimi più odiosi apparsi sulla faccia della terra e chi sognava, magari confusamente, ideali di rinnovamento poi disattesi (si veda il romanzo di Carlo Levi *L'orologio*).

LUCA. Torniamo ora al mio "romanzo di formazione", se vogliamo chiamarlo così: io fin da bambino ho sempre sentito un'istintiva, inconsapevole, vicinanza alla nonviolenza (alla scuola media avevo scritto a pennarello sullo zaino: "La violenza è l'ultimo rifugio degli incapaci", frase di Isaac Asimov, letta in un libro che oggi non ricordo nemmeno più...); ho sempre pensato infatti che la violenza non fosse la risposta, non subendo mai il fascino – un po' machista – per guerra ed eroi: penso non solo a Che Guevara (molto amato anche dalla mia generazione) ma anche alla Resistenza, in cui però ho sempre ammirato dei partigiani il coraggio di una scelta difficile e radicale.

Si trattava tuttavia di pensieri che non erano ancora ben strutturati e che verranno a maturazione lentamente solo attraversando la mia militanza politica e i miei studi universitari in Storia contemporanea e Filosofia moderna, fino alla scoperta per me cruciale dell'ecologista e costruttore di pace Alex Langer, che primo mi è stato maestro di nonviolenza. Un percorso che è proseguito con l'attivismo ambientale in Legambiente, movimento che ha sempre portato avanti insieme all'ecologia i temi della pace; una strada che mi ha portato recentemente in Bosnia, in un viaggio tra le "rose di Sarajevo" – le tracce delle esplosioni delle granate lanciate durante l'assedio e oggi riempite di resina rossa – e tra i palazzi con i segni ancora ben visibili dei proiettili degli *snajper*, dei cecchini appostati sui tetti: esperienza bella e dolorosa, quella di Sarajevo, che mi ha motivato ancor di più a muovermi nella direzione della nonviolenza, tentando di "fare pace" dove me ne sia data l'occasione, «facendomi uno strumento di pace», per usare le belle parole di Francesco d'Assisi. È cruciale, nel fare da ponte tra la mia militanza universitaria a sinistra e l'attivismo ambientalista, è stata l'enorme scoperta della pratica femminista e della sua radicalità, primo movimento a mostrarmi quanto i mezzi, i metodi facciano la differenza e qualifichino in profondità e in durata chi ne faccia un uso accorto; e, non a caso, sono state care amiche femministe a insegnarmi a diffidare della parola "onore" – e dell'epica che a questo concetto sempre si accompagna –, illuminandomi su una certa miseria del maschile, in un corpo ridotto ad arma. A contribuire a questo percorso anche molte letture e incontri, dal Movimento Nonviolento di Aldo Capitini e Pietro Pinna fino a Marco Pannella, da cui ho imparato che «alla lunga ogni fucile è nero, come ogni esercito e ogni altra istituzionalizzazione della violenza, contro chiunque la si eserciti, o si dichiari di volerla usare», come scrive meravigliosamente nella prefazione a *Underground: a pugno chiuso!* di Andrea Valcarenghi. È così che è venuta a maturazione la riflessione per cui la scelta della nonviolenza non è rifiuto astratto della violenza, ma consapevolezza che i mezzi non sono neutri, ma hanno piuttosto conseguenze politiche profonde e difficilmente controllabili: ed è da questa prospettiva della questione che, anche secondo me, Simone Weil coglie il punto in profondità.

FILIPPO. Sì, fai bene a fare dei nomi, Luca. La storia del movimento nonviolento in Italia è piena di figure nobili e del tutto ignorate. Ne ricordo solo un'altra, Silvano Balboni, ferrarese, morto nel 1948 a soli ventisei anni. Fonda nella sua città il Centro di Orientamento Sociale; i COS furono inventati da Capitini (il primo a Perugia liberata), ed erano libere assemblee di cittadini su argomenti di carattere locale, ma anche di interesse generale. La storia della nonviolenza è intrecciata con quella della democrazia partecipativa, della democrazia creata dal basso. E fai bene a ricordare la "pratica femminista", la vera rivoluzione di quegli anni, l'unica possibilità di fuoriuscita dal Novecento. Paradossalmente, fu un uomo, un pensatore, a farci riflettere sulla portata eversiva del movimento delle donne: Herbert Marcuse. Sia in *Eros e civiltà* (metà anni Cinquanta) che in *Controrivoluzione e rivolta* (1973) Marcuse, forse il meno rigoroso della Scuola di Francoforte ma il più vicino alle lotte di quel periodo e alla cultura pop, sosteneva che la emancipazione femminile è decisiva per la «costruzione di una vita qualitativamente migliore» e che solo le donne possono mantenere la promessa di liberazione. Nei primi anni Settanta il quotidiano «il manifesto» ne pubblicò un testo, appunto sul femminismo, che a noi militanti ipermarxisti e inconsciamente maschilisti impressionò moltissimo.

Ma per quanto riguarda oggi? Io ho capito che dopo gli scontri a Genova per il G8, nel luglio 2001, i nuovi movimenti giovanili hanno espresso un rifiuto sempre più sistematico della violenza, anche se poi un bancomat o la vetrina di una multinazionale potranno sempre essere bersaglio di molotov (non a caso appare nel 2004, su rivista, il fondamentale *Noi e la violenza, trent'anni per pensarci* di Anna Bravo, riflessione autocritica sulla violenza giustificata o tollerata dalle militanti di Lotta Continua). E anzi già dalla fine degli anni Ottanta sembra che le forme dell'agire sociale e politico, fuori dei partiti, privilegino una "pratica dell'obiettivo" nonviolenta (non tanto espropri e occupazione di case quanto relazioni di scambio non monetario, finanza etica, consumo critico, commercio equo e solidale, tutto l'universo delle società non profit e del Terzo Settore: una globalizzazione dal basso). L'azione diretta, nel presente, conta più di qualsiasi discorso ideologico sulla palingenesi futura dell'umanità. Si tratta di un filone più libertario, discendente da esperienze mutualistiche e autogestionali, che marxista. Ora, al netto di certa degenerazione del Terzo Settore (che si è troppo aperto al mercato, al business, alla logica di agevolazioni e finanziamenti come racconta Giulio Marcon in *Le utopie del ben fare*) le cose stanno ancora così?

LUCA. Sì, osservando anche i nuovissimi movimenti ambientalisti, la risposta non può essere che affermativa. Lo snodo è proprio a cavallo del millennio, perché nel movimento altermondialista confluisce in tanti rivoli un diffuso tentativo di "fuoriuscire dal Novecento", dalle sue logiche e dai suoi modelli organizzativi. Un esempio su tutti? La rottura con il centralismo democratico della Terza internazionale, al cui voto viene sostituito il "metodo del consenso": per evitare che la decisione finale divida l'assemblea, si preferisce trovare sintesi che mettano d'accordo il maggior numero di partecipanti. Un rifiuto, quello del contarsi, che ha origini lontane e nobili: era infatti già una specificità del femminismo degli anni Settanta ed è con ogni probabilità attraverso il ripensamento, portato avanti anche dagli ambientalisti, di pratiche e paradigmi negli anni Ottanta che arriva al movimento che ha il suo culmine nelle giornate di Genova nel 2001.

Dopo Genova – nonostante le compresenze con il Novecento non siano mancate – i movimenti globali del XX secolo (Occupy Wall Street ieri, Fridays for Future oggi) mostrano tutti una significativa matrice libertaria, misurandosi con l'azione diretta, la ricerca di organizzazioni non gerarchiche, la costruzione giorno per giorno del mondo nuovo nel guscio del vecchio. Ed è interessante rilevare che queste sono le stesse parole d'ordine del Solarpunk, recente movimento culturale che spazia dall'arte all'architettura fino alla narrativa e che prova a immaginare un avvenire non distopico, valorizzando le migliori energie del presente.

In futuro diremo che sono stati gli anarchici, doppiamente avversati e sconfitti nel Novecento (su questo ricordo il bel libro di Michel Ragon *La memoria dei vinti* pubblicato da Jaca Book), i veri vincitori del Novecento a sinistra?

FILIPPO. Tornando alla nostra biografia, ti sei mai azzuffato con qualcuno? Io a dodici anni ricevetti un pugno in piena faccia, sferratomi da un compagno di classe che stavo prendendo in giro. Ti assicuro che è un trauma non riassorbibile. Era primavera, ma sentii un gelo improvviso. In quel momento il mondo intero si induriva irreparabilmente. Né reagì in alcun modo. Tornai a casa come inebetito. La sua reazione era stata una risposta magari "proporzionata" alla violenza psicologica del mio prolungato sberleffo, ma capii che la violenza fisica implica comunque un salto, una rottura, una "violazione" dei limiti del corpo di un altro: ma su questo aspetto torneremo.

LUCA. Sì, a volte, soprattutto da ragazzino, mi è capitato di ricorrere alle mani, ma sempre come sfogo, come momento di saturazione, mai con la consapevolezza che fosse la cosa giusta da fare. Per me a lungo è stato più forte l'istinto di giustizia, la voglia di raddrizzare i "legni storti", fino al "*Fiat iustitia, pereat mundus*", imparato leggendo Immanuel Kant: un istinto che – a rivederlo oggi – mi pare assai "assetato di sangue", una volontà di giustizia che in profondità mi pare non cambi affatto paradigma rispetto alla vendetta, rispetto all'idea profondamente radicata per cui solo il sangue possa lavare il sangue. Oggi sono più vicino al "*Fiat iustitia ne pereat mundus*", detto attribuito a Georg W.F. Hegel: ho imparato cioè il valore profondo e giusto della riconciliazione e del perdono, perché spesso la vendetta si ammanta di giustizia, perché è «vendica il suo turpe e mostruoso assassinio» (*Amleto*, II, 3; traduzione di Agostino Lombardo) la frase con cui il padre defunto di Amleto, novello Oreste, chiede di avere giustizia.

FILIPPO. In aggiunta e in conclusione, vorrei ricordare che non è interamente vero che il mondo contiene sempre la stessa dose di violenza e che la guerra è inevitabile. A rassicurarci su questo fronte è lo straordinario e serissimo divulgatore Yuval Noah Harari, che ho già prima citato: secondo lo storico israeliano «gli ultimi decenni sono stati i più pacifici della storia dell'umanità» (*21 lezioni per il XXI secolo*): nelle prime società agricole la violenza provocava il 15% dei decessi e nel XX secolo (due guerre mondiali!) il 5%, oggi solo l'1%! Un fenomeno dovuto sia alla deterrenza delle armi nucleari sia al mutamento dell'economia (i principali beni oggi non sono campi di grano né giacimenti petroliferi – da conquistare con una guerra – ma conoscenza, tecnologia, informatica...). A fronte delle due guerre americane del

Golfo va infatti ricordato che la vittoria degli USA sull'URSS è stata ottenuta senza confronto militare, che la Cina ha evitato tutti i conflitti armati dai tempi del Vietnam, che Iran e Israele nonostante le minacce se ne sono stati buoni... Anche se l'intero paesaggio qui descritto mi sembra anche molto precario, e ahinoi nessuna catastrofe futura si può escludere a priori, data la "stupidità" degli uomini segnalata dallo stesso Harari (il quale però si ostina a credere in un "progresso" dell'umanità).

LUCA. Molto interessanti i dati che cita Harari, le sue riflessioni ci riportano a un punto centrale, che sarà importante riprendere: il dato storico, contingente della violenza e dunque la possibilità di porvi un freno. Intanto possiamo dire che oggi su Storia e violenza abbiamo finalmente perso l'innocenza, non crediamo più che la Storia – nonostante tutti gli orrori – ci giudicherà positivamente; ma su questo aspetto era già illuminante la conclusione dell'intervista impossibile a Montezuma, ultimo Re azteco: a Italo Calvino che gli dice: «Se il senso del tuo mondo si perdeva, allora anche le montagne di teschi accatastate negli ossari dei templi non avrebbero avuto più senso e la pietra degli altari sarebbe diventata un banco di macellaio imbrattato di sangue umano innocente!», l'Imperatore azteco sentenzia: «Così oggi guardi le tue carneficine, uomo bianco». La questione diviene allora quale siano le forme e i modi in cui sia possibile oggi praticare radicalmente una prospettiva di nonviolenza, cioè come fare per praticare cose nuove, non effimere ma capaci di mettere radici.

1. Efficacia

FILIPPO. Affrontiamo ora la questione della efficacia. La nonviolenza non può essere solo testimonianza. Lo stesso movimento nonviolento è continuamente preoccupato della efficacia dei propri metodi, tanto da parlare più volentieri di "nonviolenza attiva". Lo stesso Gandhi in una occasione dichiarò che la nonviolenza per funzionare deve avere davanti un avversario "civile", che accetta alcune regole elementari di convivenza, e che dunque con i nazisti sarebbe stata inefficace. «Noi non si poté essere gentili» diceva Pietro Ingrao riferendosi alla Resistenza, e riecheggiando una poesia di Brecht, dell'astuto, dialettico Brecht, da cui si può sempre trovare qualche verso-alibi. Accennavo prima ad alcune eccezioni a un pacifismo integrale. Sostanzialmente due: un regime fascista, totalitario, con una repressione capillare, in cui non si ha nemmeno la possibilità di esprimere le proprie ragioni (una situazione che potrebbe giustificare, perfino teologicamente, il tirannicidio: se in Spagna l'attentato a Carrero Blanco – di geometrica potenza – fosse stato rivolto allo stesso Franco quel regime sarebbe finito prima?) e un esercito che invade con le armi il proprio Paese (l'attentato di via Rasella a Roma occupata dall'esercito tedesco, e dunque per niente "città aperta", cui prima ho accennato).

LUCA. No, Filippo, su questo non mi trovi affatto d'accordo, perché non è vero che la pratica nonviolenta non sia applicabile ai contesti a cui fai riferimento: e infatti possiamo dire sinceramente che l'Inghilterra fosse "civile" nella gestione della sua colonia indiana? La pratica nonviolenta è stata infatti applicata anche in circostanze estreme, come mostrano le grandiose esperienze di resistenza senz'armi che avvengono in un'Europa occupata dal Terzo Reich fino alla battaglia di Stalingrado, che riapre la guerra fino alla vittoria del fronte antinazista. Un esempio per tutti, la pratica di disobbedienza civile di massa praticata dai danesi, una mobilitazione che permise di ridurre al minimo il numero di ebrei locali deportati e uccisi nei campi di sterminio; ma si potrebbe parlare anche della creazione dell'università clandestina in Polonia, delle coccarde francesi appuntate sul petto nella Francia occupata e collaborazionista, della scelta in Norvegia di indossare la stella gialla tutti e tutte fino al Re.

Tutte queste storie – raccontate riccamente da J. Sémelin nel suo fondamentale *Senz'armi di fronte a Hitler* – sono esempi che ci ricordano quanto sia cruciale "imparare a disobbedire", quanto sia necessario – per usare le parole del grande scrittore anarchico Luciano Bianciardi ne *La vita agra* (del 1962) – «che la gente impari a non muoversi, a non collaborare, a non produrre». Ma di quali strumenti abbiamo bisogno per trasmettere una cultura della disobbedienza? Come si lavora sulla responsabilità individuale, sul coraggio di essere minoranza e di andare controcorrente, cominciando il cammino da soli, se necessario? Uno dei nodi fondamentali, a mio parere, è la capacità di innovare la cultura politica, affinché si nutra e metta radici in pratiche e obiettivi concreti più che in grandi, e spesso irrealizzabili, ideali.

FILIPPO. Eppure in politica conta solo chi "vince"...

LUCA. Vero, ma è proprio per questo che è interessante la nonviolenza, perché utilizzare questa pratica contro un nemico enormemente più forte è infatti la precondizione di ogni vittoria reale e duratura. Se infatti sotto un'occupazione militare è evidente che la lotta alla fine sarà armata, la questione è chi conquista la società e chi no. «Quante divisioni ha il Papa?» chiedeva Stalin: e invece la questione della vittoria ha a che fare con la conquista di menti e corpi. Alex Langer sosteneva che «le guerre scoppiano sempre a valle»: per parafrasarlo, si potrebbe dire che le guerre si vincono a monte, «disintossicando cuori e cervelli»; e, dunque, quanta "potenza di fuoco" ha il cartello VENDESI che appare accanto ai due carri armati della Wehrmacht schierati nel centro di Copenaghen per incutere terrore nella popolazione occupata? A mio parere, se siamo onesti, dobbiamo rispondere che è potente quanto, se non più di una bomba.

FILIPPO. Sì, Luca fai benissimo a ricordarmi gli esempi di lotte nonviolente vincenti, però poi anche tu citi la battaglia di Stalingrado, che evidentemente *non* ne fa parte e che ha segnato la vera svolta della Seconda Guerra Mondiale: d'accordo che l'Armata Rossa retrocedeva per attirare i nazisti nell'inverno russo (come il generale Kutuzov con Napoleone), però a Stalingrado venne annientata la Sesta Armata tedesca, fu la prima sconfitta militare di Hitler e anche psicologicamente lo indebolì. I russi non si distesero per terra praticando la disobbedienza civile. E ancora sull'efficacia: va bene, la nonviolenza ci preserva da cattivi pensieri, ci distingue qui e ora dai malvagi, certifica chi siamo, o vogliamo essere, diversi da loro, e anche però che la società che intendiamo creare sarà forse più giusta e tollerante. Ma la nonviolenza oltre ad essere (nobile) testimonianza e autoterapia – cosa non trascurabile – è sempre anche efficace? Orwell ha detto nel 1942, in una tavola rotonda, in cui tra l'altro se la prende con il disfattismo degli intellettuali di sinistra – che addirittura non vorrebbero opporre resistenza a una invasione nazista dell'Inghilterra –, che in realtà la nonviolenza gandhiana faceva comodo al governo britannico, e che «i governi autoritari hanno una tolleranza sconfinata nei confronti della "forza morale", ciò che temono è la forza fisica». Ma le cose stanno proprio così? Anna Bravo ci ricorda i molti esempi novecenteschi di eroi che seppero evitare guerre e risparmiare sangue. Sappiamo inoltre che c'è anche una politica che non è guerra o competizione (in cui o si vince o si perde) – una politica antimachiavellica (per ora lo dico sbrigativamente: sappiamo entrambi quanto Machiavelli sia un pensatore problematico e uno scrittore immenso!) – ma dimensione autoeducativa, esperienza di autogoverno, creazione qui e ora di una umanità diversa (creare una società diversa dentro questa società, disse una volta Albert Camus).

LUCA. Esiste qualche esempio? A cosa fai riferimento?

FILIPPO. Ho in mente una prassi individuale e collettiva che è sempre "pedagogica", che ci "persuade" e ci educa da ora, poiché non soltanto il fine non giustifica i mezzi ma in un certo senso – come sa bene la tradizione anarchica – ci sono soltanto i mezzi. Insisto sul qui e ora: il socialismo coincide con quella stessa prassi e non con un sistema da edificare: il libro più bello di Vittorio Foa, ex azionista che contrapponeva i consigli e le autonomie ad ogni forma di potere centralizzato, si intitola *La Gerusalemme rimandata* (1985), contro tutte le retoriche sul Sol dell'avvenire: la democrazia come "governo di se stessi", e la politica come "aiutare la gente a governarsi da sé".

I modelli della mansuetudine manzoniana e della *meekness* dei radicali e quaccheri egualitari inglesi del Seicento sono anche modelli alternativi di pratica del potere: e in qualche misura sono atti politici, misurabili sull'efficacia... Come vedi sono pieno di dubbi sul tema. Però tenderei a escludere posizioni troppo assolute, purtroppo non difendibili.

LUCA. Sì, Filippo, so bene che si tratta di un tema molto complesso, perché tocca uno dei principali nodi della questione, che è il rapporto tra nonviolenza e politica, o, detta meglio, tra grammatiche mentali e pratiche concrete, un rapporto cruciale che troppo spesso viene sottovalutato. Su questo mi sembra esemplare lo scontro negli anni Settanta tra il femminismo della differenza e la sinistra extraparlamentare, che ci ha raccontato due modi opposti di intendere e praticare l'agire politico, uno come guerra, come disumanità verso se stessi e gli altri e l'altro, il femminismo, che si incarna in una pratica quotidiana di cura di sé e del mondo (l'*I care* che ci ha insegnato Don Milani). Se lo guardiamo da questa ottica, la questione diventa – per tornare alla questione della nostra definitiva perdita dell'innocenza – non tanto se la nonviolenza sia efficace (secondo i dati statistici riportati da studi sociologici sul fenomeno è fuor dubbio, sia nei brevi che nei tempi lunghi), ma come e in quali forme sia possibile una politica trasformativa che non divenga, giunta al potere, semplice amministrazione delle cose e delle brutture del mondo.

Se esiste una politica di questo tipo, è necessariamente una politica nonviolenta, una politica che si misura con la finitezza, l'impotenza, il tragico e che rompe con forza con l'idea moderna di una politica onnipotente, capace di invertire il corso del mondo. È piuttosto una politica che lavora negli interstizi, che semina con la speranza di raccogliere in futuro: «E se per il potere questo non è politica, sarà la nostra politica, o la chiameremo con un altro nome» scriveva negli anni Settanta la rivista «A/traverso», parlando della necessità che «il cielo cadesse sulla terra», cioè che la rivoluzione si facesse pratica quotidiana.

Finisco per citarti un testo che ha già il sapore del Movimento del 1977 e non posso che tornare sul tuo tema dell'autoterapia a cui fai riferimento, perché mi risuona in mente la frase "*Medice cura te ipsum*", letta in *Come si cura il nazi*, libro in cui Franco Berardi Bifo – ex animatore di Radio Alice, voce del movimento bolognese – legge il fascismo non come ideologia ma come psicopatologia, un'ossessione identitaria che produce un irrigidimento fisico-mentale nei confronti dell'altro, cioè del "nemico". Ma se il fascismo è questa psicosi, che può appartenere a ognuno di noi, l'autoterapia, la cura non potrà essere altro che la lotta contro ogni integralismo, contro cioè l'idea che tutta la complessità e ricchezza della realtà possa essere ridotta a un'unica bandiera, a un'unica idea, a un'unica chiave di lettura. Su questo mi è stata maestra anche la Comunità di Sant'Egidio, insegnandomi – sono parole loro – che «non siamo migliori di chi commette atrocità»: è l'apertura alla complessità delle zone grigie, dunque allo sforzo politico di provare a stare nella *no man's land*, per dare vita a spazi meno intensamente colorati, a luoghi di incontro e di dialogo, ai luoghi di messa in discussione, in opposizione a chi si definisce in base alla purezza – si pensi alla radice latina di "puritani" o a quella greca di "catari" –, contro chi non crede cioè che la differenza la farà il dare spazio a tutta la ricchezza e problematicità della realtà. Se anche la nonviolenza fosse solo questa autoterapia contro il fanatismo, questo lavoro su di sé per rifiutare il nemico, non sarebbe già molto?

2. La politica può essere mite?

FILIPPO. Negli anni Ottanta mi colpì molto un solitario libretto di Norberto Bobbio, il pontefice laico della sinistra italiana, il filosofo della politica sempre oscillante tra il realismo di Hobbes e l'universalismo di Kant. Quel libretto celebrava nientedimeno che la mitezza, ovvero: lasciar essere l'altro com'è. Bobbio riteneva che la mitezza è virtù impolitica. La politica è infatti il regno della forza sopraffattrice, nel *Principe* il modello della politica è la guerra, e infatti Machiavelli, che pure era un repubblicano (come dimostrano i *Discorsi sopra la prima Deca di Tito Livio*) e sapeva che si governa stabilmente solo con il consenso dei più, associa virtù a ferocia. Però, gli obiettò Gustavo Zagrebelsky in una discussione che si svolse sul suo libretto, la politica non è solo sopraffazione e lotta amico-nemico (cosa che è stata fino a ora!), ma arte di creare amicizia, cioè legame sociale. La politica andrebbe "ridefinita", come pure si auspicava nello stesso Sessantotto. Lo stesso Bobbio, tornando più in là intorno al proprio saggio sulla mitezza, dirà – seguendo una sollecitazione di Enrico Peyretti – che occorre porsi almeno il problema di una possibile “altra politica” oltre quella che ha come unico criterio la conquista del potere con ogni mezzo e che non si mostra però capace di garantire una pace perpetua, superiore scopo della politica (anche per lo stesso Dante).

Proviamo a fare un passo indietro: Saul Alinsky – ti segnalo solo un suo libro, *Reveille for Radicals* (1946) – nel mio pantheon ha oggi sostituito Che Guevara, anche ammesso ma non del tutto concesso che quest’ultimo avesse quella “tenerezza” che gli attribuisce Paco Taibo II nella sua biografia. L’ebreo americano – che si autodefiniva “il Machiavelli dei poveri” – fu maestro e ispiratore di Barack Obama e di Hillary Clinton, un ribelle irriducibile e al tempo stesso pragmatico di formazione eclettica, debitore verso John Dewey: negli anni Venti a Chicago Alinsky organizzava la comunità nel ghetto, attraverso forme di lotta molto creative e nonviolente come l’invenzione del sit-in. Elaborò anche una strategia di disobbedienza passiva e mise in atto tecniche di resistenza ai limiti dell’illegalità: da un ingegnoso scambio di scontrini per mangiare un pasto completo in una catena alimentare al blocco dell’aeroporto di Chicago da parte dei lavoratori presentandosi alle casse con banconote di grosso taglio. Ma non accettò mai di subordinare i mezzi ai fini (o alla dialettica della Storia) e così negare il valore di ogni singola persona. Perciò fu amato, benché ateo, dal filosofo cattolico Jacques Maritain. Per lui radicale è chi si identifica con il genere umano e mette il bene comune in cima ai suoi valori, chi aiuta la costruzione della democrazia dal basso, dai margini.

LUCA. Mi fai scoprire un gigante, ma, permettimi di chiedertelo: quando volevi, volevate fare la rivoluzione in Italia, un rivoluzionario "disarmato" come Alinsky vi era del tutto indifferente, o no?

FILIPPO. Purtroppo sì. Nel Sessantotto lo avremmo rifiutato: intendeva riformare il capitalismo! La lotta amico-nemico riscalda i cuori, e innerva tutta la tradizione epica, dall'*Iliade* a *Star Wars*, mentre la costruzione di comunità (o del "legame sociale") non è in sé particolarmente esaltante. Si tratta però di cambiare immaginario: se nessun bambino si divertirà mai con i "pacifisti di stagno" al posto dei soldatini (come osservò una volta spiritosamente George Orwell), perché non ammirare gli eroici vigili del fuoco che morirono sulle Torri Gemelle o gli ambientalisti che ci hanno rimesso la vita per combattere le multinazionali? Per William James l'unica alternativa alla guerra era «un equivalente morale della guerra», che potesse soddisfare lo stesso gusto del sacrificio di sé, e le attitudini di dedizione, ardore e lealtà. Perciò volle istituire un esercito impegnato contro la Natura. Una cosa che mi evoca *La ginestra* di Leopardi, l'intera umanità finalmente riunita per combattere il comune nemico, quella «dura nutrice» che è la natura...

LUCA. E del riformismo – oggi tanto evocato – cosa pensavi, cosa pensavate come generazione?

FILIPPO. Lo guardavamo con sospetto... Anzi, ti dico di più, ci faceva orrore la parola stessa "socialdemocratico", che oggi invece appare come l'unica risposta al neoliberismo. Anche per questo qualche anno fa apprezzai molto un saggio sul leader svedese Olof Palme (assassinato nel 1986) di Aldo Garzia – anche lui proveniente dal gruppo del Manifesto –, in cui si riabilitava il concetto di "socialdemocrazia" (per la mia generazione "socialdemocratico" era un insulto, definiva un tipo umano incline al compromesso), mostrandone la sorprendente radicalità. Rossana Rossanda, figura nobile della nuova sinistra, pensava che il riformismo non scalda i cuori e che la politica attuale manca di grandi slanci ideali. Giusto, ma siamo sicuri che alla politica vadano assegnati compiti grandiosi e palingenetici? La democrazia è fatta di regole e procedure, consiste in un "metodo" per prendere decisioni: in sé dunque una cosa incolore, mediocre, rispetto – che so – alla creazione dell'"uomo nuovo": non suscita particolari passioni però è la premessa indispensabile affinché ciascuno esprima liberamente le proprie passioni e possa creare se stesso come "uomo nuovo", nei modi che ritiene più adeguati; anche per questo Alinsky voleva realizzare il "sogno democratico" dell'America, prenderlo in parola. Fare la fila ordinatamente – la cosa più eversiva nel nostro Paese! – eccita assai meno di uno scenario di guerriglia urbana, ma si tratta forse di un limite della nostra immaginazione politica. E poi: una moltiplicazione delle relazioni di amicizia – di cortesia, tolleranza, aiuto reciproco può essere esaltante. Le persone miti, diceva Bobbio, rendono più amabile l'aiuola che «ci fa tanto feroci» alla quale allude Dante nel *Paradiso*, XXII Canto.

La mia generazione ha creduto nella Rivoluzione, idea bellissima, ma fideistica, quasi magica: l'illusione che una volta per sempre si risolva tutto di colpo! Una religione secolarizzata, con la certezza – pericolosa – di realizzare il paradiso in terra (in nome di questo obiettivo si giustifica tutto, menzogne, inganni, delitti). L'anarchico, e storico dell'anarchia, Nico Berti ci ricorda invece che il terreno della politica è il buon senso e non la palingenesi umana, e dunque la paziente ricerca del male minore.

LUCA. Sì, e qui torniamo al nodo della questione: riuscire a immaginare una politica che non sia opposizione amico-nemico, come la vorrebbe Carl Schmitt, ma costruzione di comunità, di relazioni, di legami; per ripensarla però credo che il primo passo sia praticarla in maniera diversa, partendo da sé e dalla propria situazione concreta, nel nostro difficile tentativo di lasciare il mondo – l'aiuola dantesca in cui abitiamo e che ci incarognisce – meglio di come l'abbiamo trovato.

È per questo che, insieme ai tuoi esempi di eroi nonviolenti, è cruciale ricordare tutti coloro che hanno «risparmiato il sangue» (secondo la potente espressione usata da Anna Bravo), coloro che hanno compiuto piccoli e grandi gesti in grado di salvare anche solo una vita. E d'altronde, come ci insegna la saggezza ebraica, "chi salva una vita salva il mondo". Ne ricordo uno in particolare, Giorgio Perlasca, l'ex volontario franchista nella Guerra civile spagnola che seppe cogliere il momento favorevole e si fece un Giusto tra le nazioni riuscendo a salvare migliaia di ebrei ungheresi dalla deportazione e dalla morte alla fine della Seconda Guerra Mondiale.

Uomini e donne che vanno ricordati e celebrati perché sono le loro storie che ci possono indirizzare e permettere finalmente di cambiare immaginario, «giocando con i pacifisti di stagno» per riprendere la potente espressione del troppo spesso dimenticato George Orwell. Casi isolati, persone eroiche? Nient'affatto, tanto che hanno pure un "capostipite", una figura mitologica che li rappresenta fin dall'inizio dei tempi: mi riferisco ad Antenore, che durante la Guerra di Troia (torniamo sempre lì) si fece mediatore tra eserciti nemici tanto da passare alla Storia come traditore – e dare addirittura il nome alla parte dell'inferno dantesco in cui finiscono coloro che hanno tradito la patria –, per poi essere rivalutato dal Rinascimento in poi. È fondamentale riuscire a raccontare in maniera nuova e potente queste storie purtroppo dimenticate, perché sono la dimostrazione plastica che è possibile agire in modo diverso dal proprio contesto, provando a coltivare un mondo gentile nonostante tutte le sue brutture.

Questo è il motivo per cui, con il massimo rispetto per Pietro Ingrao, la sua citazione brechtiana non persuade affatto: perché, come ho imparato da un gruppo multietnico di ragazzi e ragazze di Srebrenica – città simbolo dell'ultimo e terribile genocidio del Novecento –, "la guerra è un fatto personale, non statistico": ogni morto è una vita, una unicità che se ne va, e dunque i morti non possono essere mai considerati una lista di effetti collaterali, come quella frase purtroppo lascia intendere; e d'altronde, se ci rifiutiamo di pensare che esistano effetti collaterali in guerra, perché a maggior ragione dovrebbero esisterne in politica?

E dunque, impegniamoci perché «sulle nostre bocche ci sia sempre la vita», straordinaria frase pronunciata dal figlio al funerale del padre Vittorio Bachelet, ucciso dalle Brigate Rosse: perché bisogna davvero prestare attenzione al nostro immaginario che ci dà le coordinate, la grammatica delle nostre scelte e che ci può permettere di "risparmiare" il sangue, evitando di innalzare lo scontro finanche in situazioni drammatiche. E se seguissimo invece l'esempio e il motto della fondatrice dei Grünen Petra Kelly, "Sii gentile e sovversivo"?

3. L'eredità azionista

FILIPPO. A questo punto vorrei sapere se uno della tua generazione può riscoprire la tradizione giellista e azionista, forse quella più "presentabile" nel nostro Paese, sempre minoritaria e vissuta dagli azionisti stessi come esilio interno. La cosiddetta Terza Forza, schiacciata tra comunisti e cattolici, ed elettoralmente scarsa (il Partito d'Azione prese il 2%). Comunque rappresentò la seconda forza militare della Resistenza, e i suoi ideali di rinnovamento sociale e politico, di rottura di una continuità con il fascismo e lo Stato liberale ad esso antecedente, furono traditi nel dopoguerra, come testimonia il romanzo dell'azionista Carlo Levi *L'orologio*. Il Partito d'Azione coniugava lotta antifascista e opposizione ad ogni totalitarismo, volontà di rigenerazione e primato dell'individuo sugli apparati e le ideologie; fu una galassia certo ampia e variegata – da La Malfa a Lussu – ma la sua tradizione può ancora parlarci. Proprio Marco Pannella, pur con certi equivoci dell'ultima fase, è stato un prezioso mediatore al riguardo; negli anni Settanta ha risollevato le bandiere della democrazia laica con i due referendum. Gli esponenti della Terza Forza come Chiaromonte e Silone erano percepiti dalla mia generazione come colpevolmente moderati e affetti da anticomunismo viscerale, per noi allora una colpa inaccettabile. Generalizzando un po' mi sembra che dei gruppi della nuova sinistra il solo che un poco somigliava a Giustizia e Libertà almeno come struttura organizzativa – flessibile, aperta ai movimenti – e come cultura politica (meno ideologica, meno dogmatica di quella di altri) fu Lotta Continua. Avrebbe potuto conquistare la simpatia di un Piero Gobetti!

Ti ricordo solo uno storico giellista, Franco Venturi, che alla fine degli anni Trenta – e proprio a Torino – tentava di riaffermare il primato della coscienza morale, separando tradizione rivoluzionaria e marxismo, e ricercando una relazione tra radicalismo religioso delle correnti ereticali e utopia democratica e repubblicana. E poi il Manifesto di Ventotene (pubblicato nel 1944), espressione di quello stesso filone giellista (autori furono Rossi, Colorni e Spinelli), metteva in revoca la sovranità nazionale, sempre foriera di guerra, e auspicava uno Stato internazionale.

LUCA. Importante questo richiamo, come significativo è quello al federalismo di Altiero Spinelli: personalmente, la tradizione azionista è stata per me sempre un importante riferimento, mediata proprio dalla figura di Marco Pannella e dalla migliore cultura radicale liberalsocialista del nostro Paese. Si tratta di una cultura politica per me cruciale perché ha saputo tenere insieme, fin dal nome, i valori di giustizia con quelli di libertà, provando a stare fuori da una "logica dei blocchi" che blocca la logica, come ho imparato leggendo Alex Langer: un nobile tentativo davvero difficile da portare avanti in epoca di Guerra Fredda e che in parte spiega il suo eclissamento nel dopoguerra. Credo anche che oggi sia importante ricordare che fu proprio questa tradizione – i cui esponenti confluirono in parte nel Partito socialista dopo lo scioglimento della loro forza politica – a dare un contributo decisivo a quella che probabilmente rimane la più importante stagione di riforme sociali del nostro Paese, quella del centrosinistra degli anni Sessanta: l'istituzione della scuola media unica, la creazione della materna di Stato, il libero accesso all'università indipendentemente dal diploma conseguito sono tutte leggi fortemente volute da Tristano Codignola (1913-1981), parlamentare socialista ed ex figura di spicco del Partito d'Azione.

Tenderei però a escludere che oggi possa ancora rivestire un richiamo significativo: la parte più politicizzata della mia generazione ha scelto ben altri riferimenti, tratti dal variegato mondo del movimento comunista; tanto per farti un esempio, c'erano solo due persone che conoscevo già al funerale a piazza Navona di Marco Pannella, un amico nonviolento e il carissimo amico con cui sono andato. Se invece facciamo riferimento alla generazione successiva – quella del Fridays for Future per intenderci –, i giovani impegnati oggi hanno altro per la testa, provano a praticare un'uscita dal Novecento e si nutrono, credo spesso inconsapevolmente, di cultura libertaria, con i suoi richiami all'azione diretta, al rifiuto della violenza e all'attenzione ai movimenti di massa. E dunque, piuttosto che guardare al passato, oggi credo sia cruciale farci stupire dal nuovo, dai movimenti che a volte paiono impossibili e che invece sono illuminanti nell'aprire brecce e prospettive altre.

4. Rifare la Creazione?

FILIPPO. La nonviolenza è, in un certo senso, estranea alla vita, alla natura. È un valore squisitamente umano, e l'essere umano è sia natura che non natura. L'etica (o Dio, direbbe un credente) comporta uno strappo con la natura. L'immagine del lupo che convive pacificamente con le pecore, o di una tigre vegetariana, ha qualcosa di sinistro o di grottesco, come un depotenziamento della natura. Nel *Deuteronomio* – che fa parte del *Pentateuco*, prima parte dell'Antico Testamento – Mosè dice che Dio ci chiede di scegliere tra la vita e la morte e non tra il bene e il male, e sappiamo che la vita è anche metabolismo feroce, si nutre di altra vita (non è che Mosè qui incita alla violenza ma solo raccomanda di scegliere anzitutto la vita e poi di saper contenere la violenza in ciò implicita, di darle una misura, di risparmiare il sangue non necessario). La pretesa di espungere la violenza dalla natura non contiene una *hybris*, un peccato di tracotanza? Aldo Capitini, principale teorico della nonviolenza in Italia, antifascista scacciato dalla Normale di Pisa per aver rifiutato l'iscrizione al partito fascista, estensore con Guido Calogero del manifesto liberalsocialista nel 1940 (testo ispiratore del Partito d'Azione), zoofilo e vegetariano, inventore della Marcia per la pace Perugia-Assisi, pretendeva addirittura di rifare la Creazione (e pensava che la avrebbe fatta meglio!), perché non sopportava che il pesce grande mangi quello piccolo. Voleva riformare la Vita. Eppure in questo mondo sublunare, non creato da noi, ma che ha una sua segreta armonia nella disarmonia, una sua saggia necessità (così pensavano gli Stoici), tutto misteriosamente si tiene, anche se il pesce piccolo non ne trarrà alcun conforto. Vogliamo sostituirci a Dio e rifondarlo?

LUCA. Filippo, Aldo Capitini ha rivestito un ruolo fondamentale nella cultura nonviolenta del nostro Paese e sai quanto il suo esempio sia importante nella mia formazione personale, ma permettimi di dirlo: Dio ci scampi dagli uomini che vogliono rifare il mondo! Propongo di ripartire invece dall'importante insegnamento di Albert Camus che esprimeva nel suo discorso per l'assegnazione del Nobel per la letteratura una consapevolezza tutta diversa: «Ogni generazione, forse, si crede destinata a cambiare il mondo. La mia sa, tuttavia, che non lo cambierà. Ma il suo compito è probabilmente persino più grande. Consiste nell'impedire che il mondo vada in pezzi».

Una consapevolezza fondata, perché la *hybris*, la tracotanza, di chi vuole rifare il mondo si scontra alla radice con l'eterogenesi dei fini, con il fatto che non siamo in grado di prevedere – e dunque di controllare – la totalità delle conseguenze delle nostre azioni; non a caso la saggezza degli antichi – che la propria finitezza avevano ben presente – sentenziava invece: "*Festina lente*", cioè "sii cauto, ma agisci", pondera le tue azioni in vista delle conseguenze. È il principio di precauzione, per cui è meglio non fare oggi ciò che è già fattibile ma che non siamo assolutamente in grado di dominare. Di fronte a un'armonia che non comprendiamo, di fronte a un ordine che pare sfuggirci, quello che serve dunque è proprio riconciliarsi con la propria finitezza di fronte a ciò che è più grande di noi, di fronte al mondo e alla Storia; in altre parole serve riscoprire il senso del limite e del tragico – che è anche silenzio, che è anche accettazione e recuperare il grande rimosso di una politica che vuole "rifare l'uomo, rifare il mondo": «Lascia che tutto ti accada/ bellezza e terrore/ Si deve sempre andare/ nessun sentire è troppo lontano», per dirlo con le parole del poeta tedesco Rainer Maria Rilke.

Per questo è necessario acquisire una visione del mondo nonviolenta, perché la sua potenza è proprio di essere altra rispetto alla politica tradizionale, posizionandosi volutamente alle «periferie della Storia» – per citare una potente espressione di Papa Francesco – e riuscendo così a seminare un altro mondo nel guscio della violenza di questo; ed è importante notare che si tratta proprio della stessa posta in gioco raccontata da Anna Bravo nel suo *La conta dei salvati*, perché il libro nasce dall'idea gandhiana secondo cui se la guerra fosse stata egemone, se la violenza avesse davvero vinto, oggi non saremmo qui a parlarne, perché saremmo tutti morti.

FILIPPO. Violenza, Storia, ideologia: uno della tua età, da sempre interessato ai movimenti, come vede il Sessantotto? Come un movimento essenzialmente violento oppure no?

LUCA. Non direi essenzialmente violento, però tu sostieni che il Sessantotto divenne tale in minima parte per colpa propria: ne siamo davvero certi? Perché a me pare che l'idea che la violenza fosse "levatrice della storia" diviene molto velocemente patrimonio del movimento: e non c'è dunque nessun nesso con le scelte che i singoli esponenti hanno preso durante e dopo? Su questo Adriano Sofri ha scritto pagine importanti ne *La notte che Pinelli*, le stesse pagine a partire dalle quali si considera responsabile morale, non penale, della morte del commissario Luigi Calabresi: lì scrive che «le parole non sono pietre. Ma sono anche esigenti, e perfino esose, e a furia di sentirsi pronunciare e scandire e gridare presentano un loro conto».

Il punto della questione è dunque di nuovo il nesso tra agire politico e cura della propria grammatica mentale – o, per riprendere Simone Weil di *Non ricominciamo la guerra di Troia*, prestare attenzione al potere delle parole per prevenire la guerra –, un nesso che rimane uno degli aspetti cruciali e spesso sottovalutati della nonviolenza. Su questo ricordo – saranno stati i primi anni Novanta, mentre procedeva spedito l'orrore in ex Jugoslavia – l'esempio del mio nonno partigiano in Liguria, furente con i miei genitori di fronte a me bambino che giocavo con un mitra giocattolo. È per questo che temo e diffido invece del malcelato compiacimento del realista politico, di chi crede di aver capito che per cambiare le cose si devono rompere le uova – cioè le persone – e invece di soffrire di fronte a questa terribile "necessità", se ne fa un vanto: e se questa rappresentazione può apparire caricaturale, sappi che è tratta da un incontro reale avvenuto ai primi tempi del mio arrivo a Padova.

Per misurarci con il nesso tra ideologie e violenza quello che serve non è demonizzarle ma cercare di «capire come trasformano l'umano in qualcosa che dimentica di essere uomo», come ha ben sostenuto Lorenzo Pavolini in una tavola rotonda con Katrin Himmler e Niklas Frank (ora pubblicata come *Le colpe dei padri*, Edizioni una città), ragionando del nonno Alessandro, gerarca fascista di primissimo livello che fu appeso a piazzale Loreto e che oggi – merito alla Repubblica italiana, che ha deciso di trattare i suoi abietti nemici da esseri umani, che ha deciso di essere Antigone e non Creonte – è seppellito al Cimitero Maggiore di Milano, in un'area delimitata, il campo X, «un cimitero dentro il cimitero», come scrive lo stesso nipote in *Accanto alla tigre*.

5. Guerre giuste, guerre necessarie

FILIPPO. Beh a tuo nonno però avrei voluto ricordare l'osservazione di George Orwell cui prima accennavo, e cioè che un bambino – o almeno un maschietto – con i pacifisti di stagno non si diverte come con i soldatini... Io alle elementari sognavo di fare duelli e battaglie, mica i sit-in e la resistenza passiva! Non sottovalutiamo il bisogno umano di epicità, anche se, come abbiamo detto, occorre una trasformazione dell'immaginario stesso. Quando poi quella epicità si trova davanti una "guerra giusta" allora la strada diventa spianata.

LUCA. Che cosa intendi per guerra giusta?

FILIPPO. La teoria delle "guerre giuste", oggi trapassata in quella della "violenza umanitaria" ha una lunga storia che si perde in sant'Agostino e nei padri della chiesa. Pensiamo poi solo alle guerre d'indipendenza dell'Ottocento, alle tante guerre di liberazione nazionale del Novecento o alla "guerra giusta" contro Hitler (che pure implicò Dresda e Hiroshima: sul piano della Storia il Bene non esiste). Norberto Bobbio appoggiò la guerra nel Kosovo della NATO, nel 1999, dopo tre anni di guerra – vi partecipò l'Italia con il Governo D'Alema, fu il secondo nostro intervento militare dalla Seconda Guerra Mondiale dopo quello in Iraq nel 1991 – perché se l'unico modo di cercare la pace è il diritto, quando viene violato il diritto (in questo caso il diritto internazionale) allora deve intervenire chi detiene kantianamente il monopolio della forza legittima, della coercizione sugli altri, proprio in quanto garante della pace. Ora, sarebbe auspicabile che questo soggetto fosse un super-Stato, e cioè l'ONU, dotato di un proprio esercito. Ma in assenza di un super-Stato allora, diceva Bobbio, tale funzione può essere surrogata da uno Stato come l'America, che almeno è uno Stato democratico, e che proprio nel Kosovo fermò il genocidio (magari ha solo ritardato una sua esplosione imminente, ma è già qualcosa...).

Secondo qualcuno però – ad esempio Alberto Castelli, che insegna Storia delle dottrine politiche a Ferrara – una guerra non può mai essere definita "giusta", dunque moralmente legittima, dato che comporta così tanta morte e distruzione da travalicare qualsiasi questione di principio, di riparazione di un torto, ecc.: sarebbe come dire uno "stupro giusto" o una "tortura giusta". Una guerra, secondo Castelli, può dunque essere definita solo "necessaria". Ma proprio in Kosovo – dove la linea della nonviolenza di Ibrahim Rugova, primo presidente, venne sconfitta – l'intervento della NATO, il bombardamento dall'alto con proiettili di uranio impoverito, è stato davvero "necessario" o ha intensificato le violenze? C'erano alternative realisticamente praticabili?

LUCA. Alternative davvero praticabili per il Kosovo? Non so, a guardare quella brutta storia verrebbe da dire che è proprio in tutta la guerra dei Balcani che siamo intervenuti assai male e troppo tardi. Perché per ragionare della guerra di cui parli, non si può dimenticare che pochi anni prima la Serbia aveva compiuto un genocidio contro i musulmani di Bosnia: un fatto oggi confermato anche dalla sentenza del Tribunale internazionale dell'Aja. Un orrore contro cui Alex Langer – uomo di grandi e ricche contraddizioni fino a diventare in questo caso "pacifista interventista" – aveva già chiesto l'intervento dell'ONU o della NATO; e l'aveva fatto – ma non era solo: insieme a Norberto Bobbio, anche altri in Italia e nel resto d'Europa – perché ricordava la promessa che ci eravamo fatti alla fine della Seconda Guerra Mondiale ("Mai più guerra, mai più Auschwitz"), ben sapendo che le due cose difficilmente sarebbero state insieme.

Noi oggi ci indigniamo con le forze alleate che decisero di non bombardare i binari che portavano gli ebrei e gli altri deportati nei campi di sterminio: ma nel 1999 era tanto diverso? Verrebbe da dire di sì, perché la guerra contro Milošević pare essere stata costruita scientemente per massimizzare i danni (tu citi l'uranio impoverito, io penso all'uso dei bombardamenti in generale). Ma allora forse la questione non era tanto se dovessimo intervenire o meno, quanto quali modalità dovesse prendere una guerra che – dopo il fallimento dell'operazione internazionale in Bosnia – appariva davvero come l'unica alternativa per fermare un secondo genocidio nell'area dei Balcani. Sarebbe servito un maggiore pacifismo concreto, che ci avrebbe costretto a ragionare dolorosamente su quale tipo di intervento fosse necessario, che armi utilizzare, se utilizzare truppe di terra: e invece l'abbiamo delegata ai generali...

Sono questi terribili casi limite uno dei motivi per cui mi definisco nonviolento e non pacifista: anche perché spesso purtroppo ho visto il pacifismo mostrare solo il suo volto gridato e incapace di misurarsi davvero con la riduzione del danno. Su questo mi è stato maestro anche Jovan Divjak, un generale serbo che durante l'assedio di Sarajevo scelse il territorio invece del sangue e si fece uomo di pace, usando la sua arte militare per difendere la città e la sua bella convivenza: un maestro paradossale, ma d'altronde la nonviolenza non è un insieme di dogmi e di pensieri preconfezionati ma il misurarsi con la situazione concreta per adoperarsi contro l'orrore.

FILIPPO. Fai bene a ricordare Jovan Divjak, che è recentemente scomparso. Sulla guerra giusta, può essere interessante fare riferimento alla lettura "di sinistra" che ne ha dato un intellettuale *radical* che stimo molto, Michael Walzer, che la affronta nel suo libro omonimo, e la accetta pur riconoscendo che la guerra resta una «attività ambigua e moralmente difficile». La guerra giusta è tale sia per il fine (una causa giusta, un ideale di giustizia e di pace, una necessità di autodifesa, non dunque una esigenza di espansione o conquista), sia per i mezzi (proporzionalità, rifiuto di ogni brutalità e divieto di stupri e saccheggi, ma soprattutto la regola assoluta, inderogabile dell'immunità per i civili, per i non combattenti: anche se, come vedremo, non possono esserci regole inderogabili quando c'è di mezzo quel legno storto che è l'essere umano). Non è vero che in guerra e in amore tutto è lecito! Walzer, che scese in piazza contro l'intervento americano in Vietnam, sostiene che quella guerra fu persa soprattutto perché non venne combattuta con i mezzi di una guerra giusta, ma in modo brutale (si pensi ai massacri o al napalm sui villaggi). Fu favorevole al Kosovo, all'Afghanistan e alla prima Guerra del Golfo, così come agli interventi umanitari, ma si oppose invece alla seconda Guerra del Golfo perché riteneva che il fine di disarmare l'Iraq si poteva realisticamente ottenere con mezzi diversi. Walzer ritiene dunque che a volte la guerra sia necessaria, nelle situazioni di "emergenza estrema", quando «il cielo sta per crollare», e che pensa il contrario solo chi sa che non gestirà mai alcun potere e non farà mai uso della forza. Un'emergenza suprema è stata la guerra contro il nazismo...

LUCA. Sì ma così chiunque può invocare l'emergenza estrema per giustificare un atto bellico!

FILIPPO. Ma è qui che viene fuori il neoilluminismo di Walzer, la fiducia in una razionalità certo relativa ma condivisibile da parte di tutti e che lo spinge a sostenere che nella Seconda Guerra Mondiale avesse senso bombardare i centri storici – e dunque violare l'interdizione di colpire la popolazione civile – solo fino al 1941, perché allora il nazismo era al suo apogeo e se avesse trionfato avrebbe portato alla distruzione della civiltà stessa. Ti sembrerà un ragionamento contestabile o perfino capzioso, ma tenta almeno di mettere un limite all'arbitrio.

LUCA. Devo dire che sottigliezze del genere, per di più in ambiti bellici, lasciano quantomeno perplessi: non si rischia così di tornare alla variegata casuistica morale di cui, grazie a Pascal, abbiamo imparato a diffidare dai tempi dei gesuiti?

FILIPPO. Io continuo a parteggiare per Pascal contro i gesuiti, però si tratta di una casuistica mi pare inevitabile. Walzer dice che una comunità morale può rendere possibili grandi immoralità *soltanto* di fronte a una immoralità peggiore – un attacco di tipo nazista – e *soltanto* nel momento in cui questo attacco sta per riuscire. Ecco, quando ero marxista avrei giudicato tutti questi "soltanto" come qualcosa di ipocrita, di velleitario e invece ora credo che siano un tentativo di fare i conti in modo razionale con il "male" – presente nella Storia e ineliminabile –, provando ad arginarlo.

LUCA. D'accordo con te che sia cruciale fare i conti con il male nella Storia: come dicevo prima, non si tratta di avere principi astratti ma di adoperarsi concretamente contro le brutture del mondo... Eppure, se vogliamo prendere il punto di vista del pragmatismo, forse giova ricordare le parole di Martin Luther King che così si espresse a metà degli anni Sessanta:

> Nonostante le sue vittorie temporanee, la violenza non porta mai a una pace duratura, non risolve nessun problema sociale, ma semplicemente ne crea nuovi e più complicati: è impraticabile perché è una spirale discendente che si conclude con la distruzione di tutti, ed è immorale perché cerca di umiliare l'oppositore piuttosto che guadagnare la sua comprensione, di annichilire piuttosto che convertire.

FILIPPO. Bella la citazione del premio Nobel per la pace. Io però continuo a chiedermi se l'azione politica, per definizione contingente, ambigua, possa tollerare assoluti etici, dato che qualsiasi scelta umana in un contesto storico (e per di più di conflitto) rimane tragica, perché incapace di prevedere del tutto le conseguenze future. Di fronte a un prepotente e senza scrupoli, refrattario al dialogo, che infierisce sulle sue vittime, davvero devo rinunciare a priori e in assoluto a qualsiasi uso della forza (beninteso dopo aver tentato di persuaderlo)? Viene da chiedersi se l'unico augurio che ci si può fare sia non trovarcisi... O forse ci viene in aiuto Walzer e il suo «ci sono alternative e questo è l'argomento migliore» contro la Guerra del Golfo: ecco, Luca, questo invito a una immaginazione morale non è interamente dentro la nostra linea responsabilmente nonviolenta?

6. La violenza peggiora chi la fa?

FILIPPO. Vorrei ora porti un altro interrogativo. Simone Weil dice che la violenza distrugge l'umanità, in chi la adopera e in chi la subisce. Credo abbia ragione. Come abbiamo detto da rivoluzioni armate sono nati regimi autoritari, ipnotizzati dalla violenza. Eppure dopo il lancio della bomba atomica a Hiroshima e Nagasaki, né l'America né il Giappone sono diventati Paesi autoritari, dispotici o aggressivi. Sono anzi Paesi democratici – nonostante le contraddizioni, nonostante Trump –, tra loro in ottimi rapporti, e forse resi più maturi da una riflessione, seria e dolorosa, su quanto avvenuto.

LUCA. Filippo, si può davvero sostenere che in prospettiva l'uso della bomba non abbia reso meno democratici gli Stati Uniti? Un decennio dopo, il Paese vive il maccartismo, che probabilmente è la più grande sospensione dei diritti civili della sua storia. Ma anche non fosse, è tutto il mondo ad essere peggiorato, dalla consapevolezza del rischio atomico (oggi spesso dimenticato, eppure oggi siamo solo a cento secondi dalla mezzanotte secondo l'Orologio dell'Apocalisse) fino al fatto che «siamo diventati Morte, il distruttore di mondi», per citare Robert Oppenheimer: è qualcosa da cui non si torna indietro, un fatto per cui Günther Anders ha coniato l'espressione "Hiroshima stato del mondo". Il problema rimane non l'uso della forza e della violenza in sé, ma i suoi costi e le sue conseguenze, avendo sempre la consapevolezza che quando sembra che non vi sia nessun'altra possibilità, forse ci sono strade dimenticate e rimosse, che però potrebbero rivelarsi la scelta migliore e più duratura.

FILIPPO. Guarda, con l'America ho in realtà un rapporto di amore-odio. Lasciamo stare la cultura di quel Paese – la narrativa, il cinema, la musica o il fumetto – verso cui è largamente debitrice la mia formazione intellettuale. Mi limito all'ideologia dell'*American way of life*. Da una parte si tratta della prima "civiltà" sulla faccia della terra convinta spudoratamente che *make money* sia la cosa non solo più utile ma più interessante da fare nella vita (dunque la negazione dei principi stessi dell'umanesimo); dall'altra, anche vivendo per un semestre a New York ho capito che quella società è innervata da una democrazia profonda, una democrazia in cui ad esempio l'associazione dei bibliotecari può impugnare il famigerato *patriot act* ed eliminarne gli articoli più liberticidi, in cui il *common sense* elogiato nel Settecento da Thomas Paine – il suo libello "costituzionalista" diventò un bestseller nelle colonie inglesi d'oltreoceano – è ben radicato nella mentalità, nonostante razzismi, suprematismi e fanatismi... Il presidente, specie nelle questioni di politica interna, ha poteri assai limitati. La Corte Suprema e il Congresso vigilano continuamente su di lui: Trump aveva meno potere di Macron...

Torno dunque al tema della nonviolenza, che è una scelta di vita e non riguarda solo situazioni estreme: significa che io nella vita quotidiana mi impegno a decostruire qualsiasi logica "violenta", qualsiasi dinamica di potere. Ciò richiede coerenza, fatica, continuo esercizio critico (così come la nonviolenza in situazioni estreme implica spesso più coraggio della violenza: non sempre il carro armato su piazza Tienanmen si ferma davanti al tuo corpo sdraiato). In questo senso mi sembrano fondamentali esperienze di base come quella della "HumanWeek per una HumanZone" a Milano (Municipio 3), ovvero lo sforzo di promuovere la nonviolenza dal basso, attraverso una pratica educativa che coinvolge territorio e scuole. Dato che è un po' meno "naturale" della violenza occorre appunto una educazione e autoeducazione costante (la settimana di sperimentazione coincide con il 2 ottobre, giornata internazionale della nonviolenza a partire dal 2007 e data di nascita di Gandhi).

A volte mi chiedo – pensando all'enorme lavoro su di sé che la nonviolenza richiede – se non significhi chiedere troppo agli individui. «Sventurata la terra che ha bisogno d'eroi» fa dire al suo Galileo Bertolt Brecht, mentre Dante Piccarda e Costanza le mette in un cielo più basso del Paradiso, sono un po' meno beate, in quanto non adempirono del tutto i loro voti (vennero tirate fuori dal convento con la violenza e costrette a sposarsi). Però lo stesso Dante, consapevole della debolezza umana, attraverso Beatrice ci invita a considerare il male minore, la scelta di «fuggir periglio» (un male maggiore) che sempre ogni situazione ci impone. Mica dovevano farsi ammazzare! Certo è che la nonviolenza significa, in prima battuta: rinunciare al potere di cui uno si trova, anche casualmente, a disporre in un certo contesto. Ne saremo capaci? Ci vuole forse una spinta eroica o soprannaturale.

LUCA. Poni una questione molto seria, ma su questo ci può venire in aiuto il bisogno di epicità a cui facevi riferimento, anche se, a mio parere, quello che ci manca non è tanto l'epica, quanto i racconti esemplari.

Per compiere scelte radicali quello di cui abbiamo bisogno sono storie che siano capaci di motivarci e più in generale di nuove narrazioni, ovvero modi nuovi di guardare e raccontare, come ci ha insegnato Simone Weil nel suo *L'Iliade ovvero il poema della forza*, in cui decostruisce l'immaginario dell'epica occidentale, mostrandone il carattere violento e prevaricatore. E a proposito di storie che parlano della capacità di fare scelte difficili mi torna in mente il recente film *Jojo Rabbit* di Taika Waititi, che riesce a narrare in maniera davvero potente l'ora più buia della guerra e l'orrore del nazismo e della Shoah dal punto di vista dei tedeschi, che sono certo carnefici ma anche vittime di se stessi; qualcosa di simile aveva già fatto *The reader – A voce alta* (2008) di Stephen Daldry, ma è la prima volta che il pubblico è proprio quello dei bambini, che grazie al protagonista Jojo – chiamato "coniglio" dagli altri camerati – imparano la grande lezione di disobbedienza per cui «si può sempre dire un sì o un no», frase di Hannah Arendt che svetta all'entrata dello splendido Giardino dei Giusti a Padova; al bambino nazista che di fronte a quattro oppositori del nazismo impiccati nella pubblica piazza chiede a sua madre: «Cosa hanno fatto?», lei gli risponde infatti, potentemente: «Quello che hanno potuto».

Si tratta di racconti importanti, perché «abbiamo bisogno di storie per vivere» – per citare lo scrittore recentemente scomparso Luis Sepúlveda –, perché oggi più che mai abbiamo bisogno di altre parole e altri racconti, proprio a partire dagli esempi di chi è riuscito a risparmiare il sangue e fare la differenza. Qualcosa di analogo sta anche nascendo in ambito ambientale, con la *cli-fiction* (fantascienza climatica) di cui un esempio italiano è *Qualcosa, là fuori* di Bruno Arpaia, che racconta la storia futuribile di migranti ambientali europei in marcia verso la Scandinavia; un progetto che a detta dell'autore nasce proprio con l'idea che le storie siano cruciali per fare la differenza.

7. Vincitori e vinti

FILIPPO. Chi è più legittimato a giudicare una violenza perpetrata da qualcun altro? Penso al processo di Norimberga: può un vincitore processare e giudicare un vinto? La questione fu lungamente dibattuta. Il grande giurista austriaco Hans Kelsen, pur criticandone certi aspetti (ad esempio la composizione del tribunale, non sufficientemente neutrale), approvò infine il processo, sottolineando che l'Accordo di Londra (che qualche mese prima aveva istituito il Tribunale militare) riconosceva la responsabilità penale individuale, e poi osservando che il principio della non retroattività della legge si può violare in situazioni eccezionali, quando cioè sono in gioco principi radicati nella natura umana. Insomma, anche se sul banco degli imputati di Norimberga non avrebbero mai trovato posto ufficiali e soldati alleati responsabili di Hiroshima e di Dresda (e cioè di "crimini di guerra"), né fu richiamato da qualcuno l'imbarazzante patto Ribbentrop-Molotov del 1939 per spartirsi la Polonia, che diede inizio alla guerra, pure i vincitori – con qualche riserva da parte di Stalin – vollero almeno darsi un "limite", richiamarsi cioè al diritto, all'autorità della legge, a organismi sovranazionali. Tanto che le pene inflitte ai capi nazisti furono molto graduate, proporzionate: per alcuni l'impiccagione, per altri l'ergastolo, per altri la detenzione (ad Albert Speer, architetto del Reich, venti anni), e altri ancora vennero perfino assolti (tre assoluzioni).

LUCA. Alla tua domanda a lungo abbiamo risposto con semplicità "chi è oggetto di violenza"; e così a lungo abbiamo agito, si pensi al diritto alla vendetta: è un qualcosa che oggi non concepiamo più come giustizia, oggi la chiamiamo faida, la cui radice scrive Carl Schmitt è l'inimicizia, la separazione, l'odio. Secoli di riflessioni arrivate fino al cruciale *Dei delitti e delle pene* di Cesare Beccaria ci hanno fatto riflettere su quale sia la pena giusta per un delitto; e dolorosamente negli ultimi decenni siamo anche riusciti a ragionare di "giustizia riparativa", dai Tribunali di verità e riconciliazione di Nelson Mandela alle pratiche di confronto e ascolto tra vittime e carnefici della lotta armata italiana che ha portato a *Il libro dell'incontro* pubblicato da il Saggiatore. L'abbiamo fatto credendo nella riconciliazione, nella possibilità di una giustizia che provasse a ricomporre lo strappo, a rompere il muro di inimicizia; e d'altronde *Io non odio/Ja ne mrzim* è il potente titolo del progetto fotografico di un ragazzo rom sopravvissuto alla strage della sua famiglia durante la guerra in Bosnia-Erzegovina.

Per questo sono d'accordo con te: con tutte le sue contraddizioni, il tentativo alleato di utilizzare il diritto e non la semplice forza contro il Terzo Reich è stato importante e, a vederlo oggi, denso di conseguenze, perché da Norimberga negli anni Novanta nascono all'Aja due corti internazionali per crimini di guerra, il tribunale per i crimini commessi nella ex Jugoslavia – che non condannò solo la Serbia ma tutte le parti in campo – e un altro per il genocidio in Ruanda.

In generale, sulla questione mi tornano in mente le parole lucidissime che Alessandro Portelli ha scritto nel suo *Storie orali. Racconto, immaginazione, dialogo*: «Mentre la destra contrappone le foibe alle Fosse Ardeatine, il gulag ad Auschwitz per azzerare tutto in una specie di spettrale *par condicio*, noi antifascisti non possiamo usare gli stermini italiani e fascisti in Slovenia e in Croazia, in Libia e in Etiopia per azzerare gli stermini jugoslavi e comunisti in Venezia Giulia»; perché – prosegue così il suo ragionamento altrove – se «è quasi impossibile concepire che anche i colpevoli possono essere vittime, e che i liberatori possono perpetrare atrocità», non è affatto necessario «negare la Shoah e le Fosse Ardeatine per fare i conti con Hiroshima, con Dresda e con le foibe – e neanche di equipararli, azzerando tutto nella logica che vuole tutti ugualmente colpevoli o tutti ugualmente innocenti».

8. Violenza fisica e violenza psicologica

LUCA. Parlando di guerra, mi pare opportuno ragionare anche dei vari tipi di violenza, per ragionare se vi sia una differenza tra violenza psicologica e violenza fisica. In *Dio è violent* (nottetempo, 2012) Luisa Muraro sostiene che la violenza non sia necessario esercitarla, ma sia sufficiente dimostrarla, ad esempio grazie a un corteo immenso che è l'immagine plastica della forza delle persone in piazza. Ma lo stesso avviene in una relazione affettiva dove non vi sia equilibrio, perché la parte più forte non deve sempre essere violenta, le è sufficiente ricordare alla vittima quando lo è stata; e, dopotutto, è questo uno dei significati della ricca figura Servo-Signore de *La fenomenologia dello spirito* di G.W.F. Hegel: per comandare, al Signore è sufficiente ricordare, anche senza agire, al Servo quando ebbe paura della morte e uscì sconfitto nello scontro.

Personalmente credo che la violenza psicologica – di cui mi è capitato dolorosamente di essere oggetto – sia molto più devastante di quanto si pensi, forse proprio perché non lascia tracce e pare più impalpabile. Continuo però a pensare che con la violenza fisica, con lo spargimento di sangue, si vada oltre, ci sia dunque una qualche forma di soluzione di continuità. Antropologicamente il nesso atavico tra sangue e peccato deriva – secondo Robert Eisler in *Uomo diventa lupo* – dal problema della sporcizia e del contagio (e da qui deriverebbero i lavaggi rituali degli orfici e degli ebrei): oggi potremmo vederne un'inconscia consapevolezza sul sangue principio della vita e del soffio vitale, come se intaccare il sangue fosse intaccare l'anima, come se fosse entrare talmente violentemente da distruggere la vita. Tu che ne pensi?

FILIPPO. Beh, anzitutto io non ho mai capito perché nella *Fenomenologia* hegeliana il riconoscimento da parte dell'altro, dell'altra autocoscienza, deve sfociare in una lotta mortale, all'ultimo sangue... Non ci si può riconoscere reciprocamente, entro una convivenza pacifica? E poi: un nonviolento ha anzitutto orrore verso la violenza fisica. Non voglio adesso ricordarti che qualche ceffone di mia madre mi ha fatto indubitabilmente bene... Come sai, per quanto riguarda la violenza fisica su categorie deboli, come donne e bambini, il nostro codice penale prevede giustamente un codice rosso. Anche se – te lo dico giocando un po' – una frase poco meno che sadica, pronunciata da una ragazzina di cui mi ero innamorato, mi ferì assai più del pugno preso in pieno viso dal compagno di scuola.

Per provare a rispondere rivolgiamoci a Dante, per vedere come ne ragiona complessivamente la nostra cultura. Sarebbe ridicolo e antistorico presentarlo come nonviolento (era convinto della liceità della vendetta!), eppure nella *Divina Commedia* non è tenero verso i violenti; un mio amico anarchico invece pensa di sì, poiché Dante nel fondo dell'inferno ci mette i traditori e non gli sbudellatori. Ora, secondo me quel mio amico sbaglia, poiché scambia – nell'universo dantesco – i "violenti" con gli "incontinenti", i quali effettivamente vengono trattati da Dante con indulgenza. Nel Canto XI dell'*Inferno* Virgilio indica tre tipologie di peccati, seguendo Aristotele: per incontinenza, per malizia, per «matta bestialitade». Per incontinenza sono appunto i meno gravi: semplicemente uno non è riuscito a contenere i propri impulsi (golosi, lussuriosi...). Per malizia i più gravi perché c'è di mezzo l'intelletto, un suo uso distorto, che è la cosa specificamente umana. Però poi c'è la «matta bestialitade», di più ardua interpretazione. Di che si tratta? Secondo alcuni interpreti è l'eresia, secondo altri la violenza. Io propendo per questi ultimi (il pagano Aristotele non poteva contemplare l'eresia come peccato...). Dunque, ricapitolo: la tripartizione aristotelica si traduce per Dante in una bipartizione ciceroniana – solo incontinenza e malizia –, ma poi la malizia avviene sia per violenza che per frode. È evidente che la malizia per frode (inganno, tradimento) è dantescamente e aristotelicamente il peccato peggiore in quanto "intellettuale" per definizione, però – attenzione! i violenti si trovano comunque nel basso inferno, nella città di Dite, al contrario degli incontinenti. E dunque, per Dante violare il prossimo – violare i limiti del suo corpo – resta un peccato gravissimo. Mi viene in mente un esempio disturbante, ma che forse può aiutarci a fare chiarezza: se un pedofilo si masturba non visto (dietro un cespuglio) su un ragazzino, è incontinente (dunque perdonabile: ci sembrerà pure una immagine ripugnante però lui non danneggia nessuno), se invece sequestra il ragazzino per abusarne è un violento, supera un limite che deve essere invalicabile.

9. Una scelta di vita (ne saremo all'altezza?)

LUCA. Io concepisco la nonviolenza come scelta di vita, anzi, dico di più – riprendendo il termine dall'ambientalismo – la nonviolenza è stile di vita, si incarna letteralmente nei gesti, nelle azioni, nei comportamenti. Ma stile di vita significa il *proprio* stile di vita: non ci sono modelli unici, quanto piuttosto lo forzo costante di "camminare leggeri sulla terra". È proprio per questo che la scelta della nonviolenza non va pensata come sforzo sovrumano, ma come capacità individuale di lavoro su se stessi, sempre in forme e modi praticabili: è l'idea di autolimitazione imparata leggendo Alex Langer e che mi colpisce ritrovare nel tuo bel ritratto di Simone Weil in *Maestri irregolari*. Guardiamo alla nonviolenza non come a uno stato, ma come a un processo, un movimento – una danza? – che permette di liberarci dalle "passioni tristi", dall'idea malsana, sebbene molto radicata, che sangue chiami sangue, che ogni onta richieda vendetta, che il perdono sia una questione di debolezza: e su questo torna alla mente la bella storia di Antoine Leiris, marito di una delle vittime del Bataclan che di fronte alla sua tragedia ha scritto ai terroristi: «Non avrete il mio odio».

La nonviolenza dunque come inno alla vita, contro ogni logica di morte e come forma per dare spazio alle migliori energie di ognuno di noi, anche contro una politica che tra «la nostra splendida teoria piena di futuri paesi delle meraviglie e la nostra "squallida" pratica quotidiana lascia aperto un varco così grande dove un uomo possa perdersi», come si legge in una delle più belle lettere che il giornale «Lotta Continua» pubblica nel 1977: una lettera che ci parla di una politica "postuma", che sa di morte e che quasi la corteggia, perché la teme, perché sa che nei tempi lunghi saremo tutti sottoposti al suo dominio. Agli antipodi sta una pratica nonviolenta che si vuole profetica, perché, citando Norberto Bobbio, «l'utopista disegna una stupenda struttura di società ideale ma ne rinvia l'attuazione a tempi migliori, il profeta comincia subito, qui ed ora».

FILIPPO. Giusto, la nonviolenza è movimento continuo e *work in progress* (dici una danza, usando una immagine poetica), un processo – di cui fai bene a sottolineare che è un inno alla vita –, e non uno stato inerziale... Il punto però è che l'essere umano (e qui mi riferisco ai maschi) è sempre preso dentro una dialettica irriducibile degli opposti: da una parte non gli pare vero, in guerra, avere licenza di uccidere, e ne abusa, tende a strafare (così dovette sembrare a Simone Weil durante la Guerra civile in Spagna), però dall'altra Anna Bravo ci ricorda che in tutti i fronti i soldati hanno deciso autonomamente delle tregue (non si sparava in certi giorni, in certe ore), «per morire di meno e per ammazzare di meno» (intervista del 1995 sulla rivista «una città»); e la storica aggiunge che sono state spesso le donne, durante la Resistenza, a interloquire con i partigiani per evitare che la violenza si estendesse a chi è meno colpevole.

LUCA. Sì, però ti ricordavo che la nonviolenza è un lavoro su se stessi che non ha mai fine.

FILIPPO. Sì, appunto un *work in progress*, ma ciò significa allora che la violenza non è interamente eliminabile dal nostro orizzonte, dalla storia della nostra specie. I partigiani più sensibili ed equilibrati si sforzavano di "contenere la violenza", non di eliminarla. Ricordi la citazione del *Deuteronomio*? Solo il fatto di vivere comporta una violenza verso altri esseri, siano pure microrganismi: i jainisti, fedeli all'ideale dell'*ahiṃsā* (nonviolenza), si mettono la mascherina per non ingerire microbi e piccoli insetti. O meglio: potremo eliminarla, ma solo alla fine dei tempi, alla fine della Storia, quando – in termini teologici – Gesù trionferà sull'Anticristo, e anche sulla morte. Intanto, però? Forse quello che noi possiamo realisticamente fare – pur dando per scontato tutto il discorso che abbiamo fatto sugli innumerevoli esempi di nonviolenza "efficace" nella Storia (misteriosamente ignoti ai più, e che bisognerebbe pubblicizzare al massimo) – è soltanto regolare la violenza, limitarla, governarla. Come sai la legge del taglione, lungi dall'essere una regola barbarica, nasce proprio da questo, dall'impedire una violenza sproporzionata, selvaggia, dall'interrompere la spirale della vendetta, sempre distruttiva e autodistruttiva. Dio nell'Antico Testamento (dove peraltro qualcuno osserva che la legge del taglione non è altro che un risarcimento in denaro) protegge Caino, dopo l'omicidio del fratello, e scatena la sua ira contro chi sta meditando vendette. Al male il bene deve rispondere, a volte, con il male, ma con un male sempre "proporzionato", mai indiscriminato (la proporzionalità delle "guerre giuste": pur sempre discutibile, provvisoria, ai limiti dell'arbitrarietà). Perfino il Codice di Hammurabi (XVIII secolo a.C.) intende appunto dare una misura alla giustizia. L'umanità, sapendo che la violenza non si può espungere del tutto, ha tentato in tutti i modi di ritualizzarla e codificarla (lo stesso capro espiatorio serviva a questo). Ora sempre nell'Antico Testamento troviamo la figura del "servo sofferente" (Isaia, 53), che prefigura Cristo: è il giusto, percosso e umiliato, che non si vendica e anzi rinuncia anche solo a protestare; subisce e basta. Non è per niente – nietzscheanamente – la morale dei deboli, ha osservato Giuseppe Betori, arcivescovo di Firenze, ma piuttosto la scelta di «vivere liberamente la propria vita» – tu d'altronde parlavi di "inno alla vita" –, senza l'ossessione del potere e della vendetta. L'etica sarebbe dunque – come ho già detto – una violazione dell'ordine naturale, dove ovunque prevale la legge del più forte.

Insisto su un punto: noi ne saremo capaci? Il servo sofferente e Gesù Cristo si fanno carico di tutta la sofferenza (e di tutta la potenziale violenza) dell'umanità, riscattandola! Questo il grande tema di René Girard: per lui la violenza è connessa alla vita sociale, al fatto che due persone desiderano la stessa cosa e ciascuno dei due la vuole per sé (la cosiddetta violenza mimetica: io desidero una cosa imitandoti, sapendo che la desideri tu). E aggiunge che nella storia umana per superare, momentaneamente, la guerra si è sempre avuto bisogno di un capro espiatorio, di una vittima sacrificale: alla guerra di tutti contro tutti si sostituiva la guerra di tutti contro uno, in un meccanismo perverso, coatto. Ora, con Gesù avviene una rottura, si smaschera la violenza del sistema vittimario. Per la prima volta la vittima è – evidentemente, inequivocabilmente – innocente, e i suoi carnefici non possono accampare giustificazioni e vengono smascherati: a un tratto si rivela a tutti la violenza del tutto arbitraria, insensata del loro atto. Ma si può chiedere a un singolo essere umano di diventare una vittima? Gli si può chiedere di perdonare il suo aggressore fino a dare la propria stessa vita? Inoltre: un credente può perdonare perché sa che Dio lo ha perdonato. Però noi atei, caro Luca – benché "atei incoerenti", secondo la bella formula di Sciascia – da dove possiamo trarre l'energia che occorre a quella scelta nonviolenta? L'unica risposta che mi viene è: dal ritrovare il segreto destino di felicità legato all'esistenza, al fatto di "esserci" nonostante il dolore, nonostante le sventure di Giobbe, che pure era un uomo giusto. Perdona solo chi è felice. E – trascurando l'aspetto narcisistico di ogni perdono, il fatto che è un'azione esaltante per chi la compie (il quale dimostra di essere capace di una vittoria su se stesso, spezzando la spirale della violenza!), come ha osservato Paolo Febbraro sulla rivista «L'età del ferro» – la felicità è un "lusso". Non ti pare?

LUCA. Sì, è vero, perdona solo chi è felice, anche se non metterei troppo l'accento sull'aspetto narcisistico di questo atto, che richiede ben altra forza d'animo per essere davvero portato avanti; hai ragione però nel dire che la violenza si può solo regolare, perché, come dicevamo, il mondo può essere solo riparato e non creato *ex novo*. Ma cosa può davvero motivarci a farlo? La risposta è ancora, e sempre, l'amore per la vita, il rispetto per l'interdipendenza di cui parla Papa Francesco nella sua splendida enciclica *Laudato si'*, lo sforzo costante e quotidiano di dare spazio alle passioni non tristi e alla parte migliore di noi, ricordando che «ogni città riceve la sua forma dal deserto a cui si oppone», per citare *Le città invisibili* di Italo Calvino.

Non bisogna dunque mai chiedere a nessuno di arrivare a dare la stessa vita: perché l'obiettivo è di tutt'altra specie, perché quello che chiede la nonviolenza è piuttosto fermare la catena di ingiustizie per costruire una «catena di salvezza», per usare la bella espressione delle sorelle Martini, Giuste tra le nazioni. Ed è per questo che condivido con te l'apprezzamento per il Codice di Hammurabi, enorme tentativo di equilibrare l'uso della violenza e di regolamentarla: perché questa è la direzione che dobbiamo proseguire, perché se la Storia è storia di violenza è anche storia della sua lenta e difficile ma compiuta gestione. Tu citi Gesù, ma quando Gesù critica la legge ebraica – e dunque anche l'"occhio per occhio e dente per dente" di *Levitico* 24, 19-20 – allo stesso tempo dice: «Non pensate che io sia venuto ad abolire la Legge o i Profeti; non son venuto per abolire, ma per dare compimento» (Mt, 5, 7): perché lo stesso cristianesimo non è altro che un ulteriore tentativo di trovare norme che possano regolare la nostra congenita aggressività. Ma se la violenza e la sua gestione è parte innegabile della nostra storia – basterebbe pensare al diritto longobardo della faida, oggi superato quasi ovunque, ma che era ancora ben vivo fino alla Firenze di Dante e oltre: «La violenta morte/ che non li è vendicata ancor» (*Inferno* XXIX) – non possiamo allora che sforzarci di limitarla ancora, iniziando dalle nostre parole e dalla nostra comunicazione, perché è dal modo in cui ci relazioniamo che possiamo sviluppare rapporti più dolci e più profondi.

10. La violenza: limitarla o eliminarla?

FILIPPO. Già limitarla, non eliminarla... Provo a riannodare alcuni fili della nostra conversazione, e anche a sottolineare le differenze che oggi restano tra di noi, pur condividendo le stesse premesse. La nonviolenza è per me insieme necessaria e però sempre un po' irraggiungibile. Necessaria in quanto unica opzione che mi permette di salvare la mia stessa umanità, di preservarmi da pensieri di odio e da comportamenti distruttivi (sempre anche autodistruttivi), e poi di interrompere la eterna spirale della vendetta, del risarcimento del torto (risarcimento che non sarà mai abbastanza); ed è realisticamente l'unica precondizione di relazioni umane fondate sul rispetto reciproco, sulla tolleranza e sulla pace. E d'altra parte sempre un po' irraggiungibile perché pretende di espellere la violenza dalla vita biologica e nega che nel bisogno di giustizia – per quanto arcaico – ci sia anche un bisogno troppo umano di riparazione, di giusta punizione (in qualche modo violenta) del crimine.

LUCA. Interessante l'idea che il bisogno di riparazione chieda spargimento di sangue: me lo spieghi meglio, insieme al dato biologico della violenza?

FILIPPO. Sulla vita biologica ti dico che nel metabolismo trasformiamo il cibo in glucosio, risorsa energetica fondamentale, poi questo raggiunge tutti gli organi e si deposita nelle cellule. Bene, ho letto che le cellule per estrarre la materia dolce dalla molecola del glucosio si comportano come squali affamati, e arrivano a fare a pezzi alcuni atomi! Ogni giorno dentro di noi si scatenano piccole esplosioni atomiche. Insegniamo per caso la nonviolenza alle cellule? La scelta nonviolenta potrebbe implicare una soppressione dell'istinto vitale, di autoconservazione. A volte ho pensato che un mio carissimo amico – buddhista e nonviolento – quando ebbe un ictus a casa, da solo, si lasciò morire *senza opporre resistenza*, e così lo trovarono, seduto sul divano col capo reclinato.

Sul bisogno di riparazione penso che al di sopra della giustizia retributiva, basata comunque sulla proporzionalità, e potenzialmente "apocalittica" (all'inizio hai citato Kant: «Sia fatta giustizia e perisca il mondo»), posso anche intravedere una giustizia diversa e superiore, fondata sull'amore gratuito e il perdono. Ma è una giustizia che non si può prescrivere né imporre a nessuno. E anzi lo stesso amore gratuito non può essere garantito istituzionalmente. Mi viene in mente la figura di Etty Hillesum, ebrea olandese morta ad Auschwitz nel 1943 a ventinove anni. Scelse infatti di non maledire i suoi carnefici, di espellere da sé qualsiasi odio (per non farsene contagiare), di vietare al male ogni accesso al proprio cuore, continuando ad amare questo mondo, e in esso l'umanità peccatrice, di un amore incondizionato. Un comportamento che si avvicina alla santità, e che non si può raccomandare. Ora, come ha osservato Todorov, rinunciare a qualsiasi ribellione, sostituire integralmente la lotta contro il male esteriore con quella contro il male interiore (che invece dovrebbe prepararla) favorisce l'affermazione, senza più ostacoli, del male esteriore. Sì, «ogni atomo di odio che si aggiunge al mondo lo rende ancora più inospitale» (Hillesum), però se la rivolta nei campi di sterminio nazisti avesse potuto diffondersi oltre i pochi episodi di cui siamo a conoscenza il mondo sarebbe altresì meno ospitale.

Noi, verosimilmente, non aspiriamo alla santità, però potremmo almeno tentare di immaginare una giustizia non più fondata sulla proporzionalità, bensì su un amore gratuito. Il fatto è che la mia generazione – che giocava con i soldatini, leggeva con entusiasmo *I ragazzi della via Pal*, amava il western e si appassionò molto più a Che Guevara e a Giap che a Gandhi – non è ancora pronta per questo "salto". Ti ho detto del mio immaginario, immerso nella eccitante epica dello scontro, e delle mie ricorrenti fantasie di vendette eroiche, cruente, esemplari (e ti ho detto che i fascisti li odiavo, come Belushi, e tendevo a escluderli dalla comune umanità: a volte sognavo che Cassius Clay-Muhammad Alì ci soccorresse, come Superman, contro i biechi squadristi asserragliati nella facoltà di Legge...).

LUCA. D'accordo, il richiamo al naturale è importante: tu citi la scienza biologica, ma noi stiamo parlando di "dover essere", o ancora meglio di "poter essere": e non è stato il filosofo Davide Hume a insegnarci che non si possono dedurre i valori dalla realtà? Apprezzo però il richiamo alla capacità di un amore gratuito che – nonostante i suoi detrattori – è ben reale e concreto, e testimoniato da innumerevoli esperienze, come ci racconta l'autrice a cui abbiamo dedicato questo nostro dialogo.

FILIPPO. È vero. Dal bel documentario *Mother Fortress* di Maria Luisa Forenza su suor Agnes Mariam de la Croix – suora palestinese alla guida di un monastero "accogliente" tra Siria e Libano – apprendiamo un episodio che può illuminarci. Un mussulmano, il cui figlio è stato rapito, fatto letteralmente a pezzi, impacchettato e lasciato di fronte casa sua, prima prende una pistola e decide di vendicarsi, poi sente dal più profondo del cuore che deve perdonare (la suora commenta che dall'odio è sbocciato un fiore d'amore), e così trasforma non solo se stesso ma anche il suo "nemico". Si tratta di un amore contagioso. Ecco, una azione del genere – unilaterale, gratuita, per certi versi quasi "oltreumana" – è sempre possibile. Apparentemente "ingiusta" – lascia che un crimine sia impunito, invendicato – si rivela come l'unica "giusta" perché appunto è contagiosa e fonda la pace, anche per le generazioni future, e permette la convivenza. Ma come abbiamo detto è una specie di miracolo. Ora, non possiamo fondare la nostra etica sui miracoli, ma umilmente riconoscere il nostro umano, troppo umano bisogno che un crimine sia punito, che al criminale venga "restituita" la violenza che ha commesso, che giustizia sia fatta (secondo qualcuno ciò significherebbe aggiungere male al male, però è "male" anche un delitto impunito). Detto questo, quando però vedo che dall'odio sboccia un fiore d'amore sento che quella è la via da percorrere, e passa per una trasformazione radicale di sé. Insomma, come vedi, oltre ad essere un ateo incoerente sono un nonviolento sempre a metà del guado, mai interamente "persuaso".

LUCA. Sì, Filippo, mai pretendere miracoli da nessuno, perché non si tratta di rifiutare la violenza e basta, perché il male – come ha sostenuto Ernesto De Martino – si può affrontare solo se ci si inabissa dentro, se ci si entra in contatto, solo se si riesce a prenderne una parte, senza illudersi di esserne esenti e per sempre liberati. E dunque sul fatto che il male non sia eliminabile del tutto dal mondo concordo con te, perché nessuno se ne libera del tutto: e infatti, citando Camus, ti parlavo dell'importanza di prendersi cura e riparare il mondo e non di rifarlo alla radice. Si tratta infatti di capire qual è l'orizzonte in cui vogliamo muoverci: se prendiamo quello della nonviolenza, non si tratta di cercare purezza o perfezione, ma di provare a fare come il colibrì della favola, che di fronte all'orrore del mondo, si rimbocca le maniche e dice: «Da dove posso iniziare per fare la mia parte?».

Indice

Stampato da Fp Design s.r.l.
Via delle Baleari, 228 – 00121 Roma
www.fp-design.it
per conto di Lit Edizioni s.a.s.